Cuentos

Mao Tiang
Pelos Tiesos

Montserrat del Amo

Ilustradora
Fátima García

Taller de lectura
Manuel Artigot

© Montserrat del Amo y Gili.
© Grupo Editorial Bruño, S. L., 1997, 2025.
Valentín Beato, 21. 28037 Madrid.
www.brunolibros.es

Dirección del Proyecto Editorial
Trini Marull

Dirección Editorial
Isabel Carril

Edición
Cristina González
Begoña Lozano

Preimpresión
Francisco González

Diseño
Inventa Comunicación

Este libro dispone de un **cuaderno de Lectura Eficaz**

Primera edición: mayo 1997
Vigésimo cuarta edición: julio 2025

Reservados todos los derechos. Quedan rigurosamente
prohibidas, sin el permiso escrito de los titulares
del *copyright,* la reproducción o la transmisión total
o parcial de esta obra por cualquier procedimiento
mecánico o electrónico, incluyendo la reprografía
y el tratamiento informático, y la distribución
de ejemplares mediante alquiler o préstamo públicos.

Pueden utilizarse citas siempre que se mencione
su procedencia.

ISBN: 978-84-216-9662-0
D. legal: M-11000-2011

Printed in Spain

PAPEL DE FIBRA
CERTIFICADA

Montserrat del Amo

La autora

- Nació en Madrid.
- Ha escrito cuentos, novelas, obras de teatro, poemas, biografías... y publicado más de cincuenta libros.
- Dos de sus obras, *Patio de corredor* y *Zuecos y naranjas*, fueron presentadas en televisión, y el cuento poético *La noche*, con música de José de la Vega, se estrenó en concierto por la Orquesta de RTVE.
- Ha obtenido varios premios literarios: el Premio Nacional de Literatura Infantil y Juvenil 1978 por *El nudo*; el Premio Lazarillo 1960 por *Rastro de Dios*; Lista de Honor del Premio Internacional Hans Christian Andersen por *Patio de corredor*, etcétera.
- Falleció en Madrid en el año 2015.

altamar

Para ti...

Que sí, que es un cuento.
Puede que suene a cuento popular,
de los que pasaron de boca
en boca a través del tiempo.

Pero este me lo acabo de inventar:
es nuevo.

Me gustaría que después de leerlo
y releerlo se lo contaras a alguien
de viva voz, con tus propias
palabras, para que de libro en libro,
de boca en boca, el cuento siga
adelante, a través del tiempo.

Montserrat del Amo y Gili

1

El bando

MAO Tiang *Pelos Tiesos* era un chico larguirucho, fuerte y risueño. Había nacido en tierras de China y vivía en una casita a orillas del río, cuidando de la bandada de patos de la comunidad.

La verdad es que en la aldea nadie le llamaba Mao Tiang *Pelos Tiesos,* sino Mao Tiang o Mao a secas, porque en chino Mao significa «peludo» o «pelo», y Tiang, «fuerte» o «tieso», y a la vista estaba lo que su nombre quería decir: Mao tenía mucho pelo, negro y brillante, con dos remolinos en la coronilla que se resistían al paso del peine y otro más en la frente que le alborotaba el flequillo.

Una tarde, cuando Mao estaba recogiendo los patos, vio aparecer a lo lejos una nube muy negra y se apresuró a encerrarlos en el corral de cañas junto al río, no fueran a salir en desbandada, asustados por la tormenta.

Pero no. Aquella no era una nube de tormenta, sino de polvo: un caballo venía a todo galope por el sendero, trayendo a un caballero con armadura y cintas de seda y oro atadas en la punta de su lanza.

Las cintas ondeaban al viento como
un estandarte: verde y oro, los colores
del Imperio.

Seguro que el caballero iría más lejos,
que su destino no era esa aldeílla
de apenas veinte casas y cien vecinos
mal contados que ni siquiera tenía
nombre ni estaba señalada con un punto
en los mapas. Pero Mao nunca había
contemplado de cerca a un caballero
y deseaba al menos verlo pasar.

Atrancó la puerta del corral para que no se escaparan los patos y echó a correr. Jadeando, llegó junto al pozo y se subió de un salto al brocal para observarlo todo desde arriba, como desde una atalaya.

No solo Mao: todos los habitantes de la aldea estaban pendientes del caballero.

Los viejos, que antes charlaban tranquilamente, habían enmudecido y se apoyaban en sus bastones de bambú, prestos a huir al menor signo de peligro.

Los campesinos, que trabajaban inclinados sobre la tierra, empuñaron con fuerza el azadón, su única arma, y echaron a correr hacia la aldea.

Los niños, que estaban lanzando cometas al viento en la colina, se olvidaron de sus juegos, soltaron las cuerdas y corrieron al borde del sendero.

Pero el caballero del estandarte de seda
verde y oro no iba a pasar de largo.
De pronto dio un brusco tirón a las
riendas, se aseguró en los estribos, se
echó hacia atrás en la montura para no
salir disparado por encima de las orejas
del caballo, retenido en pleno galope,
y se detuvo en medio de la aldea.

Entre el asombro y el terror de los
vecinos atónitos solo Mao permaneció
tranquilo, como de costumbre.

«Sin duda, el caballero y el caballo están
cansados y sedientos –supuso–. Por eso
el caballero ha detenido su caballo junto
al pozo, para calmar la sed y refrescarse
un poco antes de seguir adelante».

Mao saltó a tierra y se apresuró
a ayudarlos: desató la cuerda del arco,
enganchó el cubo, lo lanzó al fondo
del pozo y, tirando con todas sus fuerzas,
lo sacó rebosante de agua.

Después, Mao puso el cubo en el suelo,
sacó de su bolsillo un vaso que él
mismo se había fabricado con caña
de bambú, lo llenó de agua hasta
el borde y se lo ofreció al caballero
mientras empujaba el cubo
con el pie hacia el caballo,
para que los dos pudieran beber
al mismo tiempo.

El caballo sorbía el agua a lengüetazos.
El caballero se llevó a los labios
el vaso de bambú y lo vació
de un trago.

Cuando los dos terminaron de beber,
el caballo relinchó, satisfecho,
y el caballero lanzó el vaso de bambú
por los aires sin mostrar el menor
agradecimiento.

Pero el caballero no se había detenido
sólo porque tuviera sed, pues no
levantó su látigo enseguida ni hincó
las espuelas en los ijares del caballo
para obligarle a galopar de nuevo,
sino que empezó a acariciarle el cuello
para aquietarlo por completo.

La parada sería larga. Clavó en el suelo
la lanza con el estandarte del Imperio,
sacó de su bolsa de cuero unos rollos
de papel de arroz, arrugados y rotos
por los bordes, pero atados con cintas
de seda verde y oro, eligió uno de ellos,
soltó el nudo, estiró el papel y, sin lanzar
siquiera una ojeada a su alrededor,
empezó a leer despacio y en voz alta:

«—Yo, Gran Mandarín y Consejero del Imperio, por orden de la Vieja Emperatriz y a su dictado, escribo este bando, para que sea leído a los cuatro vientos y llegue al conocimiento de todos los ciudadanos del Imperio.

»La Vieja Emperatriz anuncia que ha llegado el momento de buscar un buen marido para la Princesa, su querida hija Yin Li, y un nuevo Emperador para la China entera, de modo que el trono, vacío desde la muerte en combate de su querido esposo, sea ocupado por la joven pareja.

»Pero esta vez la Vieja Emperatriz no quiere dirigir su mirada hacia los príncipes extranjeros para buscar al más rico y poderoso, como se hizo siempre. Reconoce el derecho de la Princesa para elegir al que prefiera entre todos los ciudadanos del Imperio».

Al llegar a este punto el caballero se detuvo y los vecinos se miraron unos a otros, maravillados ante la novedad de la noticia.

Después de una pausa, el caballero continuó leyendo el bando cada vez más deprisa:

«—Cualquier ciudadano que se considere con méritos suficientes para ser elegido por la Princesa y subir al trono del Imperio, puede dar su nombre al caballero portador de este bando y dirigirse a Pekín para realizar las oportunas pruebas del concurso que se celebrará entre todos los aspirantes en fecha señalada.

»Firmado por la Vieja Emperatriz en Pekín, a tantos de tantos de mil y tantos y sellado con el dragón rojo del Consejo».

El caballero terminó de leer el bando entre dientes, convencido de que ninguno de aquellos aldeanos se atrevería siquiera a soñar con la Princesa, y menos aún a presentarse al concurso.
Pero se equivocaba.

Mao alzó la mano y preguntó en voz alta:

—¿Cuál es la «fecha señalada»?

—El primer día de las Fiestas del Año Nuevo.

—¿Y cómo serán «las oportunas pruebas»? –volvió a preguntar Mao, usando las mismas palabras del bando.

—¿Acaso piensas presentarte? –inquirió el caballero, sorprendido.

—Acaso –contestó Mao tranquilamente–. Pero antes quiero conocer las pruebas que habrán de superar los concursantes.

—Son variadas –dijo el caballero–.
Pensadas y repensadas por los Consejeros
del Imperio para seleccionar
a los mejores...

—Sí, pero... ¿cómo serán? Y... ¿cuántas?
–replicó Mao.

Ante la insistencia del larguirucho
de los pelos tiesos, el caballero no tuvo
más remedio que sacar el segundo rollo,
desatar el lazo de seda verde y oro
y estirar el papel en el que venían
apuntadas las bases del concurso:

«—*Los participantes serán examinados*
por los Consejeros del Imperio:
el Gran Mandarín les hará varias
preguntas; tendrán que luchar después
con espada y lanza, a pie y a caballo
ante el Jefe de los Caballeros
y, por último, serán interrogados
por el Guardián del Tesoro.

»Una vez terminados los exámenes, serán seleccionados los finalistas y podrán presentarse a la última prueba los tres concursantes que hayan demostrado ante los Consejeros del Imperio que superan en algo a todos los demás».

—Y yo que me había hecho ilusiones de que la Princesa iba a elegir libremente al que quisiera… –comentó Mao, decepcionado.

—Al final, sí –refunfuñó el caballero sin levantar los ojos del papel que estaba leyendo–: *«Los tres finalistas serán presentados a la Princesa y cada uno de ellos le ofrecerá un regalo.
Yin Li aceptará el que prefiera, eligiendo de este modo marido y Emperador».*

—¡Ah, bueno! –añadió Mao al enterarse bien de que la Princesa diría la última palabra–. Si es así, me presento.

Parecía muy contento, como si ya hubiera llegado a finalista y estuviera a punto de entregarle a Yin Li el mejor de los regalos.

Los vecinos se miraron unos a otros, asombrados por la audacia de Mao, pero el caballero se limitó a desatar el nudo del tercer rollo. Sacó un carboncillo de la bolsa de cuero y, mientras estiraba el papel cuidadosamente, preguntó al chico:

—¿Cómo te llamas?

—Mao Tiang.

Al añadir este nombre a la lista de los concursantes, el caballero no pudo disimular una sonrisa de desprecio, pensando para sus adentros:

«*Pelos Tiesos*... ¡Bonito nombre para un Emperador!».

2

Pekín en fiestas

AO llegó a Pekín la víspera del Año Nuevo.

La ciudad era grande y hermosa,
mucho más de lo que había imaginado,
pero Mao caminaba deprisa, sin pararse
a contemplar los arcos, jardines
y pagodas que encontraba a su paso.
Solo tenía un deseo, el mismo que le
había acompañado y mantenido durante
todo el viaje: llegar a tiempo a su destino.

Era ya de noche, pero las calles estaban
muy animadas, llenas de gente atareada
con los preparativos de las fiestas.

Unos hacían guirnaldas de colores, otros colgaban farolillos de papel, algunos adornaban las casas con flores recortadas.

—¿Dónde está el Palacio Imperial? –preguntaba Mao a unos y a otros.

Pero la gente tenía prisa
y nadie parecía dispuesto a detenerse
unos instantes para enseñar caminos
a forasteros recién llegados.
Como mucho, alguno levantaba
la mano y señalaba vagamente
hacia delante:

—Por ahí.

Mao se sentía perdido y preguntaba
de nuevo sin recibir mejor respuesta.
Algunos ni siquiera le miraban,
como si no existiera.

Al pasar frente a un portal abierto
se fijó en un grupo de viejos que estaban
tomando té en el patio de la casa
y les preguntó desde la calle:

—¿Dónde está el Palacio Imperial?

—¿Quéee?

Mao repitió a gritos su pregunta y uno
de los viejos le invitó a entrar:

—Acércate más, que con tanto ruido
no se oyen las palabras.

Mao entró en el patio.

—¿Dónde está el Palacio Imperial?
–volvió a repetir.

Los viejos le miraron, curiosos,
y uno le preguntó:

—¿Qué se te ha perdido a ti en Palacio?

Otro se adelantó en la respuesta,
suponiendo después de echarle
una ojeada:

—Seguro que este es otro de esos ilusos
que vienen a casarse con la Princesa.

El tercero le preguntó, burlón:

—¿Y qué piensas regalarle?

Y el cuarto le aconsejó, compasivo:

—Hazme caso, muchacho. Ahórrate el fracaso. No vas a conseguir nada. Da media vuelta y regresa a tu aldea.

Pero ni las risas, ni las burlas,
ni las palabras de desaliento hacían mella
en Mao. Esperaba destacar
ante el Consejo Imperial y confiaba
ser elegido por la Princesa.

Se encogió de hombros. ¡No iba a darse
por vencido de antemano, después
de tan largo viaje!

Los viejos insistieron en las dificultades
del concurso. Tenían ganas de charla y,
como el chico seguía sin abrir la boca,
le dijeron:

—¿Qué te pasa? ¿Es que no sabes
qué hacer? ¡Pues no te quedes ahí, tieso
como un pino! Siéntate entre nosotros
y descansa un rato mientras lo piensas.

Mao lo tenía bien pensado y no quería
meterse en discusiones,
pero también sentía una enorme

curiosidad por conocer detalles
sobre el concurso, y los viejos parecían
estar bien enterados.

Se sentó en el suelo, aceptó la taza de té
que le ofrecían y empezó a interrogarles:

—¿Han venido ya muchos concursantes?

—¡A cientos, a miles llegan desde todos
los rincones del Imperio!

—A caballo, en camello, en carro,
en palanquín...

—Pero hasta ahora no habíamos
visto a ninguno llegar como tú:
a pie, con las sandalias rotas
y los pelos tiesos.

Los viejos miraban al recién llegado,
que parecía sorprendido: sin duda no
esperaba encontrarse con tantos rivales.

—Y tú, ¿cómo te llamas? –le preguntaron.

—Mao Tiang.

—¡Te cuadra el nombrecito! –comentó el más burlón.

—¿Qué hacías en la aldea?

—Cuidar patos.

—Para eso vale cualquiera.

—¿Y pretendes llegar a Emperador?
¡Menudo salto!

Los viejos se lo estaban pasando
en grande. Se habían acostumbrado
a que los vecinos entraran y salieran
sin dirigirles siquiera una mirada, y les
encantaba tener ahora a un chico joven,
a un forastero, sentado junto a ellos.

Redoblaron sus bromas. Se quitaban
la palabra unos a otros para preguntarle
mil detalles de su vida en la aldea,
sin indicarle cómo llegar a su destino.
¡No iban a dejarle escapar tan deprisa!

Al cabo de un rato, el más viejo
y compasivo del grupo acalló con un
gesto las risas de sus compañeros
y dijo:

—¡Basta ya! Acaba de sonar el tambor
de medianoche. Si, a pesar de todo,
el chico está dispuesto a seguir adelante
y presentarse al concurso...

—¡Seguro! –replicó Mao–. Para eso
he venido.

—... tiene que estar delante de Palacio
al amanecer. Es hora de que se ponga
en marcha.

Y después, dirigiéndose al chico, añadió:

—Está demasiado lejos para que
nosotros podamos acompañarte.
Pero, desde aquí, el camino es fácil.
No corres peligro de perderte.

Se levantaron todos y salieron al portal
para indicarle mejor la dirección:

—Sigue calle abajo.

—Continúa recto hasta
la Torre del Tambor.

—Gira a la izquierda y llegarás
a una plaza muy grande.

—Allí se alzan los muros rojos y se abren
las grandes puertas del Palacio Imperial.

Mao repasó con los dedos de una mano
las pistas indicadas.

—La calle abajo…, la Torre del Tambor…, la plaza…, los muros rojos…, el Palacio… ¡Ya sé ir! ¡Gracias!

Se alejó a paso vivo. Antes de perderle de vista, el viejo que más se había reído de sus pelos tiesos le gritó:

—¡Acuérdate de invitarnos a la boda, si acaso resultaras ganador!

Mao le respondió sin volver la cabeza:

—¡Seguro!

Los viejos se volvieron al patio, comentando:

—¿Qué habrá querido decirnos el de los pelos tiesos? ¿Que no nos olvidará, o que está seguro de ser elegido Emperador?

3

Los concursantes

FRENTE al Palacio Imperial, Mao Tiang se sumó al grupo de los concursantes. Tenían razón los viejos: eran muchos.

Se sentó en el suelo a esperar la llegada del Año Nuevo. Al amanecer se abrieron las puertas del Palacio y entró el primer concursante. Pero las listas eran largas y Mao tendría que aguardar mucho tiempo para que le llegara el turno de ser llamado a examen por los Consejeros del Imperio.

Acampó junto a los muros rojos.
Cuando ya no le quedaba ni una naranja,

ni un grano de arroz, ni nada de comida
en el hatillo, oyó gritar su nombre
desde las puertas de Palacio:

—Mao Tiang, cuidador de patos
de la Aldea sin Nombre de las Tierras
del Norte: concursante doce mil
doscientos doce.

—¡Va! –contestó Mao al momento.

Llegar hasta la puerta no fue tarea fácil.

De los doce mil doscientos once concursantes que se habían examinado ya, algunos habían abandonado Pekín al terminar sus pruebas, dándose por vencidos de antemano.

Quedaban allí los curiosos, los que esperaban para ser llamados a examen y los que tenían esperanzas de llegar a finalistas, que eran muchos.

Mao se abrió paso a codazos y escuchó al pasar palabras de aliento y frases burlonas:

—¡Ánimo, que el triunfo es tuyo!

—¡Pero… chico! ¿Adónde vas, con esos pelos?

Mao seguía adelante, gritando:

—¡Eh, dejadme pasar, que ahora me toca a mí! ¡Que acaban de llamarme!

Consiguió al fin acercarse a la puerta y, decidido, se presentó:

—Yo soy Mao Tiang.

—No hay duda: *Pelos Tiesos* –comentó el de las listas al verle los remolinos del pelo.

Se tragó una sonrisa y añadió, en voz alta y solemne:

—¿Estás preparado para sufrir las pruebas que te aguardan?

—¡Naturalmente!

—Entonces, ¡adelante!

Unos soldados le guiaron a través de los jardines hasta el palacete del Consejo.

Los Consejeros del Imperio no le dedicaron mucho tiempo. Mao fue pasando de uno a otro rápidamente. Poco después, los soldados volvieron a acompañarle hasta la puerta.

Afuera le aguardaba la curiosidad de
los que se entretenían haciendo cábalas
sobre los resultados de las pruebas.
Miraban atentamente a los que salían,
y trataban de adivinar el fracaso
o el éxito obtenido por cada concursante
según el tiempo que había estado dentro
y la cara que traía el recién examinado.

—Este lo ha hecho todo muy bien.
No hay más que verlo. ¡Sale con
una sonrisa de oreja a oreja!

—Este, fatal. ¡Está temblando todavía!

Casi siempre acertaban, pero
el concursante que acababa de aparecer
en la puerta los dejó completamente
desorientados.

El de los pelos tiesos salía de Palacio tan
tranquilo y sonriente como había entrado,
¡buena señal!, pero había tardado muy

poco tiempo en realizar las pruebas, lo que parecía una señal malísima.

—¿Cómo te fue? –le preguntaron.

—Bien.

Interrogado por los curiosos, Mao no tuvo
el menor reparo en explicar con detalle
lo ocurrido: la verdad es que no había
sabido contestar ninguna de las extrañas
preguntas que le dirigió el Gran Mandarín;
no había podido luchar contra nadie ante
el Jefe de los Caballeros, pues ni siquiera
tenía armas; interrogado por el Guardián
del Tesoro, había declarado sin rodeos
que no poseía oro, ni tierras ni riquezas
de ninguna clase y, por no tener, ya no
le quedaba en el hatillo ni un puñado
de arroz para la cena.

Los curiosos se echaron a reír
al escucharle, y los otros concursantes
se frotaron las manos, murmurando:

—¡Uno menos!

No había duda de que el concursante
de los pelos tiesos había fracasado
rotundamente, aunque él parecía tranquilo
y satisfecho con el resultado
de sus pruebas.

Mao se apartó unos pasos. No tenía
necesidad de permanecer sentado noche
y día ante los muros de Palacio esperando
que le llamaran de un momento a otro,
pues ya había sido examinado. Bastaba
con acercarse de vez en cuando para estar
al corriente de la marcha del concurso.

Mientras los demás participantes seguían
discutiendo entre ellos, ponderando los
méritos propios y despreciando los ajenos,
Mao se echó el hatillo a la espalda
y comenzó a andar por las calles
de la ciudad.

Hubiera podido recorrer al revés
el camino de la primera noche sin miedo
a perderse y presentarse de nuevo
en el patio, pero los viejos no parecían
sobrados de recursos y a Mao
no le bastaría una taza de té para calmar
el hambre. Necesitaba encontrar
un trabajo y conseguir algo de comida.
Ya volvería a verles cuando fuera
nombrado Emperador.

Días más tarde se enteró de que ya se
había examinado el último de la lista
y el Consejo Imperial se había reunido
para discutir los méritos de los aspirantes
y elegir a los tres finalistas.

Ante las puertas de Palacio, la emoción
de concursantes y curiosos estaba
al rojo vivo, pero Mao seguía tranquilo,
como siempre.

4

El Consejo Imperial

LAS listas del concurso aparecían
ahora en dos colores:
con tinta roja estaban marcados
los aciertos que los concursantes habían
conseguido en las distintas pruebas;
con tinta negra, los fracasos.

A la primera ojeada,
los Consejeros del Imperio
notaron que tres participantes destacaban
sobre los demás con una larga serie
de señales del mismo color anotadas
detrás de sus nombres:
dos, todas en rojo,
y uno, todas en negro.

Se acordaban muy bien
de los concursantes señalados en rojo:
uno era el más rico, y el otro, el guerrero
más fuerte de todos los que se habían
presentado.

Sin fijarse en quién era el de los signos
negros, tacharon su nombre al final
de las listas.

Entonces, el Jefe de los Caballeros
fijó la lista sobre la mesa con la punta
de su puñal, clavándolo a la altura
del nombre del guerrero más fuerte,
y se lo presentó a sus compañeros
como indiscutible ganador.

—¡Este es el mejor! Necesitamos
un Emperador combativo, osado,
ambicioso, capaz de avanzar a la cabeza
de sus ejércitos, de lanzarse
al ataque sin miedo y de alcanzar
finalmente la victoria –dijo, soñando
con grandes batallas y futuras conquistas.

Pero el Guardián del Tesoro no parecía estar de acuerdo. Arrancó el puñal a tirones y buscó otro nombre en la lista.

—Este será el mejor Emperador –dijo señalando con uno de sus dedos cargados de anillos al más rico de los concursantes–, porque el oro es más poderoso que la espada.

El Jefe de los Caballeros no pensaba lo mismo y se levantó, furioso:

—¡Yo te demostraré que estás equivocado! –gritó, empuñando su espada.

El Gran Mandarín le detuvo antes
de que llegara a desenvainarla del todo
y atajó la pelea diciendo:

—¡Calma, calma! Esto es un concurso,
no un campo de batalla. No hemos
venido a discutir si vale más el oro
o la espada, ni estamos aquí para elegir
nosotros al futuro Emperador.
En este asunto, la Princesa tiene
la última palabra. Nuestra única tarea
es señalar los nombres de los tres
concursantes que más hayan destacado
en las pruebas y presentarlos
como finalistas.

El Gran Mandarín tenía razón.

El Jefe de los Caballeros se sentó,
apaciguado a medias, y el Guardián
del Tesoro murmuró entre dientes:

—Está bien. Sigamos adelante.

El Gran Mandarín repasó las listas:

—El más fuerte, el más rico… ¿Votamos a favor de estos dos concursantes?

Bolas blancas para los dos: mayoría absoluta.

El Gran Mandarín del Imperio tomó el pincel y escribió sus nombres en una hoja nueva, encabezada con letras doradas que decían:

—¡Ya está! Ahora solo nos falta encontrar el tercero.

La tarea resultó más difícil
de lo que parecía.

Los Consejeros del Imperio repasaron
las listas. Tacharon los nombres
de los concursantes que habían
fracasado en la mayor parte
de las pruebas. Contaron y recontaron
después signos negros y rojos.
Los participantes que tenían mitad
y mitad quedaron eliminados
en el montón de los mediocres.

La discusión se centró por fin
en torno a seis concursantes
que solo tenían un punto negro
entre muchos rojos y que, por tanto,
estaban empatados, aunque hubieran
fracasado en pruebas distintas.

Los Consejeros no acertaban
a decidirse por ninguno
de ellos.

¿Quién tenía más méritos para quedar
finalista: el rico y fuerte que parecía tonto
o el ratón de biblioteca que huía como
un cobarde ante el menor peligro?

Uno tenía barcos y sabía navegar,
pero se perdía en el desierto.
Otro era un buen jinete,
pero desconocía los caminos del viento.

A todos les fueron encontrando fallos.

—Este no, porque...

—Este tampoco merece llegar
a finalista...

—Pues este otro, menos todavía.

Discutieron durante
largas horas,
sin ponerse
de acuerdo.

Según las bases del concurso, los tres finalistas tenían que salir elegidos con los votos del Consejo en pleno, pero el Jefe de los Caballeros y el Guardián del Tesoro eran viejos rivales y se oponían el uno al otro encarnizadamente. El Gran Mandarín tampoco conseguía el voto de los otros para su concursante preferido.
Bolas blancas y negras salían en todas las votaciones y la discusión amenazaba con hacerse interminable.

De pronto, el Jefe de los Caballeros tuvo una idea:

—¿Y si lo echáramos a suertes?

Esta vez el Guardián del Tesoro aceptó
la propuesta de su rival a la primera.

—¡Buena idea! –respondió jugueteando
con unos dados que sacó de su bolsa–.
Seis caras, seis concursantes. ¡Total, da
lo mismo que salga uno u otro! Al tercer
finalista apenas le queda posibilidad
de ser preferido a ninguno de sus dos
poderosos compañeros.
¡Nunca llegará
a Emperador!

El Gran Mandarín pensaba lo mismo,
pero insistía en que era preciso cumplir
fielmente las condiciones del concurso:

—En las bases no se habla para nada
de la suerte. Aquí pone lo siguiente:
«Quedarán finalistas y podrán presentarse
a la última prueba los tres concursantes
que demuestren ante los Consejeros
del Imperio que superan en algo
a todos los demás».

Al llegar a este punto, el Gran Mandarín se detuvo en medio de la frase y la releyó de nuevo lentamente:

—«*Quedarán finalistas... que superan en algo a todos los demás...*».

De pronto se dio una palmada en la frente: acababa de caer en la cuenta de un detalle importante. Exclamó:

—¡Ya lo tengo!

—¿El qué?

—¡El fin de las discusiones! ¡La solución del problema! ¡El fallo del concurso! El tercer finalista tiene que ser...

—¿Quién?

—¡Este!

Ante el asombro general, el Gran Mandarín señaló un nombre tachado al final de las listas.

Los otros Consejeros le miraron extrañados, porque ese nombre era el del único concursante que había fracasado en todas las pruebas.

Antes de que estallaran las protestas de sus compañeros de Consejo, el Gran Mandarín se apresuró a explicarles:

—Aquí pone: *«... que superan en algo a todos los demás»*. ¡Pero no dice en qué! Puede ser en algo positivo o en algo negativo. ¡Las bases no lo aclaran! Lo único que importa es que destaque entre todos los concursantes. Y este destaca muchísimo: ¡es el único que no ha logrado sacar ni un solo punto rojo!

El Jefe de los Caballeros y el Guardián del Tesoro se quedaron con la boca abierta.

Parecía muy raro que un aspirante llegara
a finalista por haber fallado en todas
las pruebas, por ser el más pobre,
el más despistado, el más simple
y el más fracasado de todos los que
se habían presentado al concurso,
pero era indiscutible que, precisamente
por eso, destacaba muchísimo.

El Jefe de los Caballeros no quería dar
su voto a un concursante que ni siquiera
sabía empuñar la espada, y al Guardián
del Tesoro le parecía un disparate
votar a uno que no sabía
el valor de las monedas de oro,
pero el Gran Mandarín insistía:

—No hay otra salida. Con las bases
en la mano no tenemos más remedio
que dejarle como finalista. Nosotros
no tenemos la culpa del resultado:
nos limitamos a cumplir las condiciones
del concurso al pie de la letra.

Los otros dos Consejeros dudaron
todavía unos instantes, pero terminaron
por darle la razón al Gran Mandarín.

—¿Votamos al de los puntos negros
para finalista? ¿Sí o no?

¡Bolas blancas para el gran fracasado!

El Gran Mandarín del Imperio mojó
el pincel en el tazón de tinta y
dibujó el nombre del tercer finalista
en el papel donde ya estaban
los otros dos:

Mao Tiang, cuidador de patos
de la Aldea sin Nombre
de las Tierras del Norte.

Firmaron a continuación los Consejeros
y estamparon debajo el sello del Imperio.

—Tarea cumplida –dijo el Gran Mandarín.

Ordenó que un pregonero diera a conocer
el resultado a los concursantes y curiosos
que aguardaban a la puerta de Palacio.
Enrolló el papel, lo ató con cintas verde
y oro y fue a entregárselo personalmente
a la Princesa.

5

Los tres finalistas

LA Princesa estaba impaciente por conocer a los tres finalistas seleccionados por los Consejeros del Imperio.

Hubiera deseado correr a su encuentro apenas aparecieron por la puerta, pero los movimientos de una princesa china deben ser corteses y lentos, y más aún si se llama Yin Li, que significa «graciosa y fina».

Haciendo honor a su nombre, la Princesa respondió con una inclinación a la triple reverencia de los finalistas.

Con la cabeza baja, lo único que podía ver
eran seis pies alineados frente a ella.

Los miró atentamente:

Los dos pies de la izquierda estaban
recubiertos con unos preciosos zapatos
de seda con broches de esmeraldas.

Los del centro iban protegidos
con fuertes botas de cuero claveteadas.

Unas sandalias de paja de arroz que
dejaban los dedos al aire, mal tapaban
los pies del tercer finalista.

A medida que Yin Li levantaba la cabeza,
a continuación del calzado pudo ver sus
ropas: un precioso kimono de seda verde,
una armadura completa de cuero y hierro
y unos pantalones azules descoloridos
por el sol.

Por fin, al terminar el saludo, la Princesa miró las caras de los finalistas frente a frente. Se fijó de un modo especial en la boca, estrecha y fina como la hendidura de una hucha, del finalista del kimono de seda; en la mirada, cortante como la hoja de una espada, del finalista de la armadura de hierro; y en el pelo negrísimo, que se levantaba en remolinos, del tercer finalista.

El Gran Mandarín se adelantó entonces y habló en nombre del Consejo:

—Siguiendo las bases del concurso nos hemos esforzado en seleccionar como finalistas a los tres que más habían destacado en las distintas pruebas. Tras largas discusiones y muchas votaciones inútiles, cumplimos al fin nuestra tarea.

El Gran Mandarín continuó diciendo:

—Este es el más rico
y poderoso de todos
–dijo señalando
al del kimono
de seda.

»Y este, el más fuerte
guerrero –añadió
refiriéndose
al de la
armadura.

»Este otro es el más…, el más…

Al llegar al de los pantalones
descoloridos, el Gran Mandarín titubeó
sin saber qué decir exactamente.
¿El tercer finalista era el más pobre...,
el más despistado..., el más simple...,
el más miserable..., el más fracasado...?
¿Con qué título debería presentárselo
a la Princesa?

Se decidió después de pensarlo
unos instantes:

—... el más sencillo de todos los
concursantes –dijo al fin, señalándolo.

Terminadas las presentaciones,
el Gran Mandarín le recordó a la Princesa
con gran solemnidad:

—Estos son los finalistas. Nosotros
hemos cumplido nuestra tarea. Cuida
ahora de elegir al mejor de los tres, por
tu propio bien y por el bien del Imperio.

Yin Li respondió sencillamente:

—Antes he de ver los regalos.

—¡El mío, el primero! –dijo
el finalista del kimono de seda,
dando un paso adelante–.
Cuando lo vea, la Princesa
ya no deseará ninguno más.

El de la armadura avanzó más aún.

—¡Es muy pronto para decir eso! –
protestó con voz de trueno–.
Mi regalo es el mejor
y la Princesa ha de verlo
el primero.

Al adelantarse había puesto
con disimulo su bota claveteada
sobre uno de los zapatos de seda
en un formidable pisotón
que no admitía discusiones.

El del kimono tuvo que contener un grito de dolor, y al tercer finalista le daba igual presentar su regalo antes que después. El de la armadura aprovechó el silencio de sus compañeros para seguir insistiendo, y la Princesa respondió:

—Sea. Enséñamelo ya.

¡Qué raro! ¡Tantas prisas como tenía
el de la armadura en mostrar
su regalo, y no lo tenía a mano!
¿Acaso se le había olvidado?

Nada de eso.

—Mi regalo es tan grande que no
se puede trasladar de un sitio a otro
–se apresuró a explicarle a la Princesa–.
Pero estoy dispuesto a acompañarte
hasta donde se encuentra.

A los otros finalistas les pasaba lo mismo,
y lo más curioso fue que al explicarse
usaron casi las mismas palabras que
había utilizado el de la armadura:
el del kimono cambió «grande»
por «valioso», y el de los pantalones
desteñidos, en vez de «valioso»,
dijo «único».

Al oírles, Yin Li quedó muy intrigada.

Tenía tanta curiosidad por ver los regalos que se olvidó por una vez de sus modales de princesa.

—¡Que traigan mi palanquín enseguida! –dijo, y echó a correr hacia la puerta.

6

Los tres regalos

EL finalista de la armadura, que había demostrado ser el más fuerte de los guerreros, cabalgó delante de la comitiva hasta llegar a las fronteras del Imperio.

—¡Alto! –ordenó con voz de trueno.

Descabalgó de un salto, ayudó
a descender del palanquín a la Princesa,
subió con ella a una de las torres
de la Gran Muralla y dijo, señalando
el ancho valle que se abría al otro lado:

—Mira estas tierras que he conquistado
con la fuerza de mi brazo y el filo de

mi espada. Este es mi regalo. Te ofrezco
una nueva provincia para el Imperio.

Yin Li inclinó la cabeza, pero no dijo
nada porque aún le quedaban
otros dos regalos
por ver.

Después, el finalista del kimono de seda,
que había destacado por sus inmensas
riquezas, se puso con su carroza a la
cabeza de la comitiva y la guió a través
del desierto.

Al pie de unas dunas se detuvo, mandó
extender una alfombra en el suelo frente
al palanquín para que la arena del desierto
no quemara los pies de la Princesa,
y la condujo de la mano hasta la boca
de una caverna que por allí se abría.

Pidió una antorcha y la arrojó
encendida al interior de la caverna.
Saltaron al instante reflejos verdes
del techo y las paredes, luces verdes
más brillantes que el fuego.

—Una mina de esmeraldas:
este es el regalo que yo te ofrezco
–dijo el del kimono–. Si lo aceptas, serán
tuyas todas las riquezas que encierra.

Yin Li agradeció la oferta con un gesto,
pero no dijo nada, porque aún le quedaba
un regalo por ver.

Entonces, el tercer finalista apretó
los nudos de sus sandalias de paja
y echó a correr delante del palanquín
de la Princesa hasta llegar
a la ladera de una montaña
por la que descendía un riachuelo.

No era muy ancho ni demasiado
profundo. Mao lo hubiera podido
cruzar saltando de piedra en piedra,
pero se detuvo en la orilla.

Anochecía.
El valle estaba en sombras,
aunque en la cumbre de la montaña
se sentía el resplandor de los relámpagos
y el retumbar de los truenos
de una tormenta lejana.

Mao siguió caminando por la orilla del río en dirección contraria a la corriente, monte arriba. De cuando en cuando se paraba para observar con atención el curso del agua y seguía adelante.

Pasada la medianoche se detuvo.

—Ya hemos llegado –dijo.

Condujo a la Princesa hasta la orilla y la invitó a sentarse en una piedra cubierta de musgo, frente a una curva, allí donde el agua se remansaba hasta quedar casi quieta.

—¿Dónde está tu regalo? –le preguntó
la Princesa, tratando de descubrirlo
en la negrura de la noche.

—No te lo puedo enseñar todavía –le
respondió Mao–. Aún no es el momento.

Aguardaron largo rato en silencio.
Al fin, con el amanecer, un primer
rayo de sol se deslizó entre las ramas
de los árboles hasta rozar la superficie
del agua y Mao exclamó:

—¡Ahora!

La Princesa, que se había quedado
dormida, abrió los ojos y siguió con la
mirada la dirección que la mano de Mao
le señalaba mientras le decía al oído:

—¿No ves unas hojas verdes
que asoman en la superficie del agua
y se levantan al encuentro del sol?

Mira ahora cómo las hojas verdes se
separan para dar paso a otras blancas que
se abrirán formando la corola. ¿Lo ves?

—¡Sí!

—Este es mi regalo –murmuró Mao
al oído de la princesa–: El florecer
de un loto en primavera. ¿Te gusta?

—¡Síí! –repitió la Princesa, sin mirarle
siquiera para no perderse nada
de lo que ocurría en la superficie
del agua.

Aún no había terminado el espectáculo.
Como había anunciado Mao Tiang, el cáliz
verde se ensanchaba, los pétalos blancos
se abrían y se curvaban en forma de
copa y en el centro se alzaron los pistilos
dorados.

Yin Li contemplaba fascinada la nueva flor de loto.

Mao Tiang, detrás de ella, abarcaba con su mirada el loto, a la Princesa, el recodo del río, la primavera toda. Y sonreía.

7

La última prueba

DE pronto, el rumor de la corriente se hizo más fuerte, anunciando una crecida del río tras la tormenta de la pasada noche. La avalancha no tardaría mucho en llegar al remanso, arrastrando barro, piedras, cañas y ramas.

La Princesa estaba a salvo en la orilla, pero, en medio del río, la flor de loto peligraba.

Mao reaccionó con rapidez ante esa prueba inesperada y se enfrentó al peligro con valentía. Se metió en el río y se puso de espaldas a la corriente, protegiendo con su cuerpo la flor recién nacida.

Al principio el agua apenas le llegaba a la
cintura, pero vino la avalancha, desbordó
el cauce y avanzó levantando oleadas
de espuma. La corriente se estrelló con
fuerza sobre la espalda de Mao, saltó
sobre sus hombros y le cubrió la cabeza.

Apenas asomaban sobre las aguas
revueltas sus tres remolinos de pelo
negro, dos en la coronilla y uno en
la frente, pero el agua siguió creciendo
y llegaron a desaparecer entre
la espuma.

La Princesa lanzó un grito, asustada:

—¡Salvadle!

Puede que su voz se ahogara en el
estruendo de la corriente, o que los otros
finalistas no quisieran escucharla,
pues los dos permanecieron impasibles.
El grito de Yin Li se perdió en el aire.

Mao aguantó sin respirar apenas, firme
en su sitio, con los pies hundidos en el
barro y agarrado a unas cañas, frente
a la flor de loto.

Suerte que la avalancha llega y pasa
con rapidez.

Descendió la crecida y aparecieron
de nuevo los remolinos negros
y la cabeza y los hombros
del chico.

Y todos pudieron ver la flor de loto
que Mao había protegido con su cuerpo.
Ahora terminaba de abrirse gloriosa,
y seguiría luciendo en el remanso y
floreciendo todas las primaveras.

Mao había superado una última
e inesperada prueba.

Esta vez, la Princesa no se limitó
a agradecer el presente al finalista
de turno con una inclinación de cabeza,
sino que lo miró a los ojos, sonriendo.

El tercer regalo era el que más
le gustaba. Además, el último finalista
había sabido resistir el poder
y la fuerza de la avalancha
para defender la debilidad de la flor:
seguro que sabría resistir también
ante los fuertes y los poderosos
para defender su amor y su pueblo.

Yin Li le preguntó bajito:

—¿Cómo te llamas?

—Mao Tiang.

La Princesa se puso muy seria para
que nadie se burlara del nombrecito y dijo
en voz alta, para que todos se enteraran:

—Yo elijo el florecer del loto como regalo
y a Mao Tiang como marido y Emperador.

Y acertó.

Fin

alta mar

Taller de lectura

Mao Tiang *Pelos Tiesos*

1. Para que «el cuento siga adelante», si es necesario «de boca en boca»...

Eso te dice Montserrat del Amo en la dedicatoria que ha escrito *para ti...:* que siga el cuento.

Bueno, pues a ver qué haces para que «el cuento siga adelante».

Si yo estuviera en tu lugar, seguiría el consejo de la autora: «que después de leerlo y re-leerlo se lo contaras a alguien de viva voz...».

Así que, si te parece, primero te lo cuentas a ti mismo, para disfrutarlo escuchando tu voz, y para entrenarte un poco, incluso lo puedes grabar. Luego se lo cuentas a alguien de tu familia. Después, a tus amigos.

Y, si me apuras..., se lo puedes contar a todo el mundo que pase por tu calle y desee escuchar un cuento «de boca en boca», para que los cuentos sigan adelante.

Tú puedes llegar a ser el Mejor Narrador de Cuentos del Imperio con esta historia de Mao Tiang *Pelos Tiesos*.

¿Qué? ¿Te animas?

2. Este cuento «tiene miga»

Con la expresión «tiene miga» nos referimos a que podemos encontrar bastantes ideas de gran interés. Como las siguientes, por ejemplo:

• La Vieja Emperatriz *«reconoce el derecho de la Princesa para elegir al que prefiera entre todos los ciudadanos del Imperio»*.

• La insistencia y el interés que demuestra Mao obligan al caballero a desatar todos los rollos y a leer las bases del concurso.

• El comportamiento de Mao cuando todos los ancianos le desaniman en su intento de participar para conquistar a la Princesa: *«Pero ni las risas, ni las burlas, ni las palabras de desaliento hacían mella en Mao»*.

• La tenacidad de Mao para participar en el concurso, sin perder la tranquilidad.

• Los tipos de candidatos que defiende cada Consejero del Imperio. Como no son capaces de entenderse dialogando, se necesita la intervención del Gran Mandarín.

- Mao llega al final aun cuando es el más pobre, el más despistado, el más simple y el más fracasado. Pero nunca pierde la esperanza.

Seleccionad otras ideas que os hayan gustado, o llamado la atención, y comentadlas oralmente en clase.

2.1. ¿Cuál consideráis que es la idea más importante que se expresa en el libro?

....

....

....

....

¿Y la más original?

....

....

....

2.2. Podríamos decir que, por su valentía, Mao es fuerte como el caballero de la armadura, y poderoso (aun sin tener riquezas) como el concursante del elegante kimono. Por eso puede defender de los fuertes y poderosos el amor que siente por la Princesa y por su pueblo. Además, es sencillo, ¿lo recuerdas? Podemos decir, pues, que representa lo mejor que tienen los tres finalistas.

Escribe palabras que expresen algunas cualidades que te gustaría encontrar entre tus amigos de clase y que consideres importantes. Por ejemplo: *alegre, generoso, educado...*

....

....

....

....

....

....

2.3. Cuando Mao se entera de que la Princesa es libre para elegir marido y Emperador, exclama:

«—¡Ah, bueno! Si es así, me presento».

Indica algunas situaciones que te hayan gustado, alegrado, etc., porque te han permitido actuar libremente.

....

....

....

....

....

3. El lenguaje. Porque un libro mal escrito...

Yin Li significa «graciosa y fina», según nos cuenta la autora. Ya en otro libro suyo de la colección ALTAMAR titulado *El abrazo del Nilo* nos decía que, en la lengua egipcia, *Nefer* significa «la más», «la que mejor». Por eso Nefertiti es «la más bella», y Nefertari, «la que mejor camina».

3.1. Inventa «nombres chinos» y escribe lo que significan (fantásticamente, claro), como si fuera una manera de jugar con las palabras. Por ejemplo: Yin Louirí podría significar «junco delicado que mira las estrellas». Léeselos a tus compañeros para que el juego continúe.

....

....

....

....

3.2. Cuando la Princesa termina de saludar, mira las caras de los tres finalistas frente a frente y se fija:

- «... *en la boca, estrecha y fina como la hendidura de una hucha,*
del finalista
del kimono
de seda».

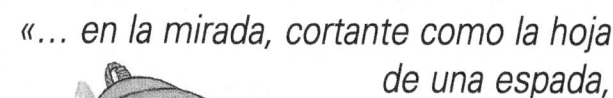

- «... *en la mirada, cortante como la hoja de una espada,*
del finalista
de la armadura
de hierro».

El recurso que ha utilizado la autora para decirnos cómo son la boca y la mirada de los finalistas se llama *comparación,* porque compara la boca con la hendidura de una hucha, y la mirada con la hoja de una espada.

Escribe dos comparaciones para la boca y la mirada que sean diferentes de las anteriores.

....

....

3.3. Sin embargo, cuando la Princesa mira la cara del tercer finalista, que es Mao, se fija:

«... en el pelo negrísimo, que se levantaba en remolinos».

En este caso, el recurso empleado se llama *personificación,* que consiste en atribuir a seres irracionales o a cosas inanimadas acciones que sólo podemos realizar los hombres. Porque el pelo puede crecer, caerse, etc., pero no levantarse.

Otro ejemplo de personificación: «El pelo de la Princesa *jugaba* con el viento.»

Escribe tres frases utilizando el recurso de la personificación. Léeselas a tus compañeros.

....

....

....

3.4. En el libro se nos cuenta que a Mao Tiang no le quedaba *«nada de comida en el hatillo»*. *Hatillo* es un diminutivo de *hato,* y un *hato* –fíjate en que se escribe con hache– es un envoltorio de ropa y otros objetos que una persona lleva consigo cuando se traslada de un lugar a otro, cuando viaja.

Escribe diminutivos de las palabras que prefieras, como *carro, río, valiente*, etc., procurando que tengan diferentes terminaciones.

Fíjate: *majica, arbolillos, chiquirritín, viejecico, patita…*

....

....

....

....

....

....

4. Para terminar...

Estamos seguros de que te habrá gustado el final del cuento de Montserrat del Amo.

A nosotros nos parece muy hermoso.

Pero, para jugar con la imaginación, igual que antes lo hacíamos con las palabras, también podemos ofrecer regalos a la Princesa Yin Li.

Yo, por ejemplo, ya que Mao Tiang era cuidador de patos, le regalaría una fantástica patita de plumaje verde y oro, como los colores del Imperio.

4.1. Inventa regalos para la Princesa y compáralos con los de tus compañeros.

....

....

....

....

....

....

....

....

....

....

....

....

Por cierto: ¿has contado ya el cuento a alguien «de viva voz», como te sugería la autora?

Índice

La autora:
Montserrat del Amo 5
Dedicatoria *Para ti...* 7

Mao Tiang *Pelos Tiesos*
1. El bando 9
2. Pekín en fiestas 24
3. Los concursantes 38
4. El Consejo Imperial 49
5. Los tres finalistas 64
6. Los tres regalos 76
7. La última prueba 85

Taller de lectura 91

Series de la colección

Aventuras

Ciencia Ficción

Cuentos

Humor

Misterio

Novela Histórica

Novela Realista

Poesía

Teatro

Títulos publicados

A partir de 8 años

30. Alfredo GÓMEZ CERDÁ. **Luisón** (Cuentos) ●
37. Miguel Ángel MENDO. **Vacaciones en la cocina** (Cuentos) ●
42. José Francisco VISO. **Don Caracol Detective** (Misterio) ●
48. Lucila MATAIX. **El calcetín del revés** (Cuentos) ●
59. Achim BRÖGER. **Mi 24 de diciembre** (Humor) ●
66. Elvira MENÉNDEZ. **Ese no es mi zoo** (Humor) ●
68. Braulio LLAMERO. **El rey Simplón** (Humor) ●
85. Christine NÖSTLINGER. **Chachi** (Aventuras) ●
112. Montserrat DEL AMO. **Mao Tiang Pelos Tiesos** (Cuentos) ●
113. Pablo ZAPATA y Juan Luis URMENETA. **El cocodrilo Juanorro** (Aventuras)
118. Alfredo GÓMEZ CERDÁ. **Papá y mamá son invisibles** (Cuentos) ●
119. Enric LLUCH. **Potosnáguel** (Aventuras) ●
122. Manuel L. ALONSO. **Arturo ♥ Verónica** (Cuentos)
123. Concha BLANCO. **¡A mí qué me importa!** (Humor)
139. Manuel L. ALONSO. **Te regalo a mi hermano** (Aventuras) ●
150. Concha LÓPEZ NARVÁEZ y Rafael SALMERÓN. **El príncipe perdido** (Aventuras) ●
156. Concha LÓPEZ NARVÁEZ. **Un puñado de miedos** (Cuentos) ●
158. Alfredo GÓMEZ CERDÁ. **Soy... Jerónimo** (Cuentos)
159. Marinella TERZI. **Un año nada corriente** (Cuentos) ●
165. Eliacer CANSINO. **El gigante que leyó El Quijote** (Cuentos) ●
167. Concha LÓPEZ NARVÁEZ. **Ahora somos tres** (Cuentos) ●
169. Pilar LOZANO CARBAYO. **Manu, detective** (Misterio) ●
174. Pilar LOZANO CARBAYO. **Manu, detective, y el terror de Primaria** (Misterio) ●
180. Pilar LOZANO CARBAYO. **Manu, detective, y corazón piruleta** (Misterio)

182. Elvira MENÉNDEZ y José María ÁLVAREZ.
Una boa en El Paraíso (Humor) ●
184. Concha BLANCO. **La vaca titiritera** (Cuentos)
189. Fernando LALANA y José A. VIDEGAÍN. **Chatarra imperial** (Humor) ●
195. Carmen VÁZQUEZ-VIGO. **El extraño caso del potingue rojo** (Misterio) ●
198. Pilar MOLINA LLORENTE. **A de Alas, A de Abuela** (Cuentos) ●
204. Carlos ELSEL. **El pichichi importado** (Humor) ●
208. Pilar LOZANO CARBAYO. **Manu, detective, en el zoo** (Misterio) ●
211. Concha LÓPEZ NARVÁEZ. **El último gol** (Aventuras)
218. José Francisco VISO. **Don Caracol Detective y el misterio del gallipato** (Misterio)
224. Fernando LALANA. **El genio de la botella de gaseosa** (Humor) ●
227. Dan GUTMAN. **La señorita Riqui es un poco friqui** (Humor) ●
230. Joaquín LONDÁIZ MONTIEL. **El Caballero de las Letras** (Aventuras)
233. J. R. BARAT. **Luna de mazapán** (Poesía)
235. Eliacer CANSINO. **El maravilloso señor Plot** (Aventuras)
238. Concha LÓPEZ NARVÁEZ y Rafael SALMERÓN. **El caballero cocinero y las cuatro torres** (Aventuras)
241. Elisabeth MUÑOZ. **¡Mi madre es una bruja!** (Humor)
248. Blanca GARCÍA-VALDECASAS. **Un misterioso mensaje en el ordenador** (Aventuras)

● Dispone de cuaderno de Lectura Eficaz.

También te gustarán

Otros libros de cuentos
Soy... Jerónimo. Alfredo Gómez Cerdá
Colección Altamar, n.º 158

Jerónimo es un niño como tú;
ni más listo ni más torpe, ni más alto ni más bajo.
Seguramente su barrio se parece mucho al tuyo.
Le gusta ir al cole, jugar con sus amigos
y observar lo que pasa a su alrededor para
contártelo a ti, y hablarte de toda la gente
que le quiere y de un montón de cosas divertidas
que le suceden cada día.
¡Ah, otra cosa! ¿Quieres saber por qué
se llama nada menos que Jerónimo?

Otros libros de aventuras
El príncipe perdido. Concha López Narváez
Colección Altamar, n.º 150

El príncipe Baltasar Carlos fue un príncipe de
verdad, hijo de un rey de verdad que se llamaba
Felipe IV. Tenía un precioso caballito con el que
jugaba sin salir de los jardines de Palacio. Pero
una tarde descubrió que una de las puertas estaba
abierta, y... su caballito y él la cruzaron. No
querían escapar, solo asomarse un momentito,
dar dos o tres paseos fuera, mirar a los niños
que jugaban en el río y luego regresar. ¡Pero los
niños se divertían tanto y él tenía tantas ganas de
jugar...! ¿Qué sucedió? Pues que el Príncipe se
olvidó de que era príncipe, jugó toda la tarde, y
después... Después ¡se perdió!